明日《あした》を支える言葉

［編］徳永文一

まえがき

人生の友となる
心と体が健康になる
声高らかに読む朗誦に適している
そんな言葉を古典のなかから選び
一冊としました。

日本漢詩、中国漢詩、仏教語、
散文、俳句、短歌、近代詩……
様々なジャンルから作品を取り上げました。

社会人はもちろん
大学生・高校生・そして中学生・小学生も
朝に夜に、ぜひ親しんでください。

作品のいくつかが
生き抜く力になる
忘れられない言葉になる
そうなることを願っています。

明日を支える言葉

001

春に百花《ひゃっか》あり
秋に月あり
夏に涼風《りょうふう》あり
冬に雪あり
若《も》し閑事《かんじ》の心頭《しんとう》に挂《か》くる無《な》くんば
便《すなわ》ち是《こ》れ人間の好時節《こうじせつ》

『無門関』より

閑事＝無用のこと、つまらぬこと
心頭に挂くる＝気にかける、心配する

出典・参考文献……西村恵信訳注『無門関』（岩波文庫）、山田無文著『無文全集第五巻 臨済録・無門関』（禅文化研究所）
『無門関』……中国・南宋の時代の禅僧・無門慧開によって編纂された禅宗の書。

002

春は花
夏ほととぎす
秋は月
冬雪さえてすずしかりけり

道元

出典・参考文献……鈴木格禅ら校註『道元禅師全集』（春秋社）
道元……鎌倉時代を代表する仏教僧で曹洞宗の宗祖。越前（福井県）に永平寺を開く。

003

何が何やらみんな咲いてゐる
あるけばきんぽうげすわればきんぽうげ
柿の若葉のかがやく空を死なずにゐる
ともかくも生かされてはゐる雑草の中
ころり寝ころべば青空

山頭火

出典・参考文献……村上護編『山頭火句集』（ちくま文庫）、『山頭火全集』（春陽堂書店）
種田山頭火……遍歴放浪の俳人として知られる。現在の山口県防府市に生まれる。一九四〇年（昭和十五年）、五十七歳で死去。

004

どうしようもないわたしが歩いてゐる
風の中おのれを責めつつ歩く
たたずめば風わたる空のとほくとほく
さて、どちらへ行かう風がふく
吹きぬける秋風の吹きぬけるままに

山頭火

出典・参考文献……村上護編『山頭火句集』（ちくま文庫）、『山頭火全集』（春陽堂書店）

005

日に新たに
日日に新たに
また日に新たなれ

『大学』より

出典・参考文献……金谷治訳注『大学・中庸』（岩波文庫）
『大学』……儒教の代表的な経書。『中庸』『論語』『孟子』とともに四書と称される。

006

勝敗は兵家《へいか》も事期《ことき》せず
羞《はじ》を包み恥を忍ぶは是《こ》れ男児《だんじ》
江東の子弟　才俊《さいしゅん》多し
巻土《けんど》重来《ちょうらい》　未《いま》だ知るべからず

「烏江亭《うこうてい》に題す」　杜牧

出典・参考文献……『吟剣詩舞道漢詩集　絶句編』（日本吟剣詩舞振興会）、石川忠久著『漢詩をよむ　杜牧一〇〇選』（日本放送出版協会）、松浦友久・植木久行編訳『杜牧詩選』（岩波文庫）

杜牧……中国・晩唐の時代の詩人。

007

離離《りり》たり原上《げんじょう》の草
一歳に一《ひと》たび枯栄《こえい》す
野火《やか》焼けども尽きず
春風《しゅんぷう》吹いて又《ま》た生ず
遠芳《えんぽう》古道を侵し
晴翠荒城《せいすいこうじょう》に接す
又た王孫《おうそん》の去るを送れば
萋萋《せいせい》として別情《べつじょう》満つ

「古原《こげん》の草を賦《ふ》し得たり　送別」　白楽天

離離＝草木が生い茂っているさま
遠芳＝遠くまで広がる草の香り
晴翠＝晴天の下の草原
王孫＝若い貴公子、若き友人
萋萋＝草木の茂っているさま

出典・参考文献……『吟剣詩舞道漢詩集　律詩・古詩編』（日本吟剣詩舞振興会）、石川忠久著『漢詩をよむ　白楽天一〇〇選』（日本放送出版協会）、川合康三訳注『白楽天詩選』（岩波文庫）

白楽天……本名は白居易。字が楽天。中国・中唐の時代の詩人。

008

神よ、神よ
この夜を平安にすごさしめたまへ
われをしてこのまま
この腕のままこの心のまま
この夜を越させてください
あす一日このままに置いて下さい
描きかけの画をあすもつづけることの出来ますやうに。

神よ
いましばらく私を生かしておいて下さい

私は一日の生の為《た》めに女に生涯ふれるなと言はれれば
　その言葉にもしたがひませう
生きて居《い》ると云《い》ふその事だけでも
いかなるクレオパトラにもまさります
生きて居れば空が見られ木がみられ
画が描ける
あすもあの写生をつづけられる。

「いのり」　村山槐多

出典・参考文献……『村山槐多全集　増補版』（彌生書房）
村山槐多……大正時代の洋画家。京都市で育つ。結核性肺炎を悪化させ、一九一九年（大正八年）、二十二歳で死去。没後に詩集『槐多の歌へる』が出版された。

009

庭上《ていじょう》の一寒梅《いちかんばい》
笑って風雪を侵《おか》して開く
争わず又《ま》た力《つと》めず
自《おのず》ら百花の魁《さきがけ》を占む

「寒梅」　新島襄

出典・参考文献……『吟剣詩舞道漢詩集　絶句編』（日本吟剣詩舞振興会）、『新島襄全集』（同朋舎出版）
新島襄……幕末から明治を生きた宗教家・教育者。同志社大学の前身となる同志社英学校を創立した。

010

山を看《み》れば高きこと巍々《ぎぎ》たり
海を観《み》れば闊《ひろ》きこと洋々たり
味い得たり造化《ぞうか》の妙《みょう》なるを
小心少しく発揚《はつよう》す

「偶成」 新島襄

巍々＝山などの高く大きいさま

出典・参考文献……『吟剣詩舞道漢詩集 続絶句編』（日本吟剣詩舞振興会）、『新島襄全集』（同朋舎出版）

011

まこと　いろうるわしく
あでやかに咲く花に
香《かおり》なきがごとく
善く説かれたる語《ことば》も
身に行わざれば
その果実《このみ》なかるべし

『法句経』より

出典・参考文献……友松圓諦訳『法句経』（講談社学術文庫）
『法句経』……仏教の経典。日本語版は訳者によって表現や言い回しの違いが大きい。ここでは宗教家・仏教学者の友松圓諦訳を採用した。

012

ただ　一向《ひたむき》に
そしらるる
ただ　一向に
讃《ほ》めらるる
かかるもの
過ぎゆきし日にはあらざりき
今もまたあらざるなり
やがて
来ん日にもあることなからん

『法句経』より

出典・参考文献……友松圓諦訳『法句経』（講談社学術文庫）

013

他人《ひと》の邪曲《よこしま》を
観《み》るなかれ
他人のこれを作《な》し
かれの何を作さざるを
観るなかれ
ただおのれの
何を作し
何を作さざりしを
想うべし

『法句経』より

出典・参考文献……友松圓諦訳『法句経』（講談社学術文庫）

014

まさに
作《な》すべきことは
これを
力づよくなしおえよ

『法句経』より

出典・参考文献……友松圓諦訳『法句経』（講談社学術文庫）

015

人生を苦しみの場と思ひ定めかつて一度も疑はざりき
指を握り涙を垂《た》れて耐へしことも過ぎ去りてみれば夢の如《ごと》しも

小泉苳三

出典・参考文献……『小泉苳三全歌集』（短歌新聞社）
小泉苳三……大正から昭和期の歌人。立命館大学の国文学教授。一九五六年（昭和三十一年）、六十二歳で死去。

016

太陽は美しく輝き
あるひは　太陽の美しく輝くことを希《ねが》い
手をかたくくみあはせ
しづかに私たちは歩いて行つた
かく誘《いざな》ふものの何であろうとも
私たちの内の
誘《さそ》はるる清らかさを私は信ずる
無縁のひとはたとへ
鳥々は恒《つね》に変らず鳴き
草木の囁《ささや》きは時をわかたずとするとも

いま私たちは聴く
私たちの意志の姿勢で
それらの無辺《むへん》な広大の讃歌を
あゝ　わがひと
輝くこの日光の中に忍びこんでゐる
音なき空虚《くうきょ》を
歴然《れきぜん》と見わくる目の発明の
何になろう
如《し》かない　人気《ひとけ》ない山に上り
切に希はれた太陽をして
殆《ほとん》ど死した湖の一面に遍照《へんしょう》さするのに

「わがひとに与ふる哀歌」　伊東静雄

出典・参考文献……『伊東静雄詩集』（岩波文庫）、『定本伊東静雄全集　全一巻』（人文書院）

伊東静雄……昭和初期の詩人。旧制中学校教諭。現在の長崎県諫早市の出身。一九五三年（昭和二十八年）、四十六歳で死去。

017

夜来の颱風《たいふう》にひとりはぐれた白い雲が
気のとほくなるほど澄みに澄んだ
かぐはしい大気の空をながれてゆく
太陽の燃えかがやく野の景観に
それがおほきく落す静かな翳《かげ》は
……さよなら……さやうなら……
……さよなら……さやうなら……
いちいちさう頷《うなず》く眼差《まなざし》のやうに
一筋ひかる街道をよこぎり
あざやかな暗緑の水田《みずた》の面《おもて》を移り

ちひさく動く行人《こうじん》をおひ越して
しづかにしづかに村落の屋根屋根や
樹上にかげり
……さよなら……さやうなら……
……さよなら……さやうなら……
ずつとこの会釈をつづけながら
やがて優しくわが視野から遠ざかる

「夏の終り」 伊東静雄

出典・参考文献……『伊東静雄詩集』（岩波文庫）、『定本伊東静雄全集　全一巻』（人文書院）

018

若《も》しなすべき事あれば、すなはちおのが身をつかふ。たゆからずしもあらねど、人を従へ、人をかへりみるよりやすし。若し歩くべき事あれば、みづから歩む。苦しといへども、馬鞍《うまくら》、牛車《うしくるま》と心を悩ますにはしかず。

鴨長明『方丈記』より

たゆからずしもあらねど＝疲れてだるくないわけではないが

出典・参考文献……市古貞次校注『新訂 方丈記』（岩波文庫）
『方丈記』……平安時代後期から鎌倉時代初期にかけての歌人・鴨長明が著した随筆。

019

常に歩き、常に働くは、養性《ようじょう》なるべし。なんぞいたづらに休みをらん。

鴨長明『方丈記』より

養性＝養生

出典・参考文献……市古貞次校注『新訂　方丈記』（岩波文庫）

020

訓練休憩中、「桜、桜」ト叫ブ声　見レバ三番見張員ナリ
見張用ノ定置《ていち》双眼鏡ヲ陸岸《りくがん》ニ向ケ、目ヲ当テシママ手ヲ上ゲタリ
早咲キノ花ナラン
先ヲ争ッテ双眼鏡ニ取附《とりつ》キ、コマヤカナル花弁《かべん》ノ、ヒト片《ひら》ヒト片ヲ眼《がん》
底《てい》ニ灼《や》キツケントス
霞《かす》ム「グラス」ノ視野一杯ニ絶エ間ナク揺レ、ワレヲ誘ウ如《ごと》キ花影《かえい》ノ耀《かがや》キ
桜　内地ノ桜ヨ　サヨウナラ

吉田満『戦艦大和ノ最期』より

出典・参考文献……吉田満『戦艦大和ノ最期』(講談社文芸文庫)、『吉田満著作集』(文藝春秋)
吉田満……太平洋戦争末期、戦艦大和の乗員として沖縄特攻作戦に参加。米軍機の攻撃で艦は沈没したが、少ない生還者の一人となる。戦後は日本銀行に勤務。一九七九年(昭和五十四年)、五十六歳で死去。

021

痛烈ナル必敗論議ヲ傍《かたわ》ラニ、哨戒長《しょうかいちょう》白淵大尉、薄暮ノ洋上ニ眼鏡ヲ向ケシママ低ク囁《ささや》ク如《ごと》ク言ウ

「進歩ノナイ者ハ決シテ勝タナイ　負ケテ目ザメルコトガ最上ノ道ダ

日本ハ進歩トイウコトヲ軽ンジ過ギタ　私的ナ潔癖ヤ徳義ニコダワッテ、本当ノ進歩ヲ忘レテイタ　敗レテ目覚《めざ》メル、ソレ以外ニドウシテ日本ガ救ワレルカ　今目覚メズシテイツ救ワレルカ　俺タチハソノ先導ニナルノダ　日本ノ新生ニサキガケテ散ル　マサニ本望《ほんもう》ジャナイカ」

吉田満『戦艦大和ノ最期』より

出典・参考文献……吉田満『戦艦大和ノ最期』（講談社文芸文庫）、『吉田満著作集』（文藝春秋）

022

最近頻発《ひんぱつ》セル対空惨敗ノ事例ニオイテ、生存者ノ誌《しる》セル戦訓ハヒトシクコノ点ヲ指摘シ、何ラカノ抜本策ノ喫緊《きっきん》ナルコトヲ力説ス

シカモコレラニ対スル砲術学校ノ見解ハ、「命中率ノ低下ハ射撃能力ノ低下、訓練ノ不足ニヨル」ト断定スルヲ常トス　ソコニ何ラノ積極策ナシ

砲術学校ヨリ回附《かいふ》セラレタル戦訓ノカカル結論ノ直下ニ、「コノ大馬鹿野郎、白淵大尉」トノ筆太《ふでぶと》ノ大書《たいしょ》ノ見出サレタルハ、出撃ノ約三ヵ月前ナリ

更《さら》ニソノ上ニ附箋《ふせん》ヲ附シ、「不足ナルハ訓練ニ非《あら》ズシテ、科学的研究

ノ熱意ト能力ナリ」と前書して、次の如く記す――

吉田満『戦艦大和ノ最期』より

出典・参考文献……吉田満『戦艦大和ノ最期』（講談社文芸文庫）、『吉田満著作集』（文藝春秋）

023

「世界ノ三馬鹿、無用ノ長物《ちょうぶつ》ノ見本――万里ノ長城、ピラミッド、大和」ナル雑言《ぞうごん》、「少佐以上銃殺、海軍ヲ救ウノ道コノホカニナシ」ナル暴言ヲ、艦内ニ喚《わめ》キ合ウモ憚《はばか》ルトコロナシ

徳之島ノ北西二百浬《かいり》ノ洋上、「大和」轟沈《ごうちん》シテ巨体四裂《しれつ》ス　水深四百三十米《メートル》

今ナホ埋没スル三千ノ骸《むくろ》

彼ラ終焉《しゅうえん》ノ胸中果シテ如何《いかん》

吉田満『戦艦大和ノ最期』より

出典・参考文献……吉田満『戦艦大和ノ最期』（講談社文芸文庫）、『吉田満著作集』（文藝春秋）

024

またも来よ膝《ひざ》をかさうぞきりぎりす
寝るてふにかしておくぞよ膝がしら
ゆうぜんとして山を見る蛙哉《かえるかな》

小林一茶

てふ＝蝶

出典・参考文献……『一茶全集』（信濃毎日新聞社）、丸山一彦校注『新訂　一茶俳句集』（岩波文庫）
小林一茶……江戸時代の俳人。信州・柏原宿（現在の長野県信濃町内）に生まれる。生涯で約二万の俳句を残した。

025

また人にかけ抜《ぬか》れけり秋の暮
露《つゆ》の世は露の世ながらさりながら
我《われ》と来て遊べや親のない雀《すずめ》
痩蛙《やせがえる》まけるな一茶これにあり

小林一茶

出典・参考文献……『一茶全集』（信濃毎日新聞社）、丸山一彦校注『新訂　一茶俳句集』（岩波文庫）

026

大の字に寝て涼しさよ淋《さみ》しさよ

大の字に寝て見たりけり雲の峰

大の字にふんぞり返る涼《すずみ》哉《かな》

春立《たつ》や愚《ぐ》の上にまた愚にかへる

天広く地ひろく秋もゆく秋ぞ

小林一茶

出典・参考文献……『一茶全集』（信濃毎日新聞社）、丸山一彦校注『新訂　一茶俳句集』（岩波文庫）

027

冬の夜道を
一人の男が帰つてゆく
はげしい仕事をする人だ
その疲れきつた足どりが
そつくり
それを表はしてゐる
月夜であつた
小砂利を踏んで
やがて　一軒の家の前に
立ちどまつた

それから　ゆつくり格子戸を開けた
「お帰りなさい」
土間に灯《ひ》が洩《も》れて
女の人の声がした
すると　それに続いて
何処《どこ》か　部屋の隅から
一つの小さな声が云《い》つた
又《また》一つ
また一つ別の小さな声が叫んだ
「お帰りなさい」

冬の夜道は　月が出て

随分とあかるかつた
それにもまして
ゆきずりの私の心には
明るい一本の蝋燭《ろうそく》が燃えてゐた

「冬の夜道」 津村信夫

出典・参考文献……『津村信夫全集』（角川書店）、神保光太郎編『津村信夫詩集』（白凰社）
津村信夫……昭和初期の詩人。神戸市出身。一九四四年（昭和十九年）、三十五歳で死去。

028

白雲万里《はくうんばんり》
青天《せいてん》に独歩《どっぽ》す
青天に平歩《へいほ》す
歩々清風《ほほせいふう》起る

禅語より

出典・参考文献……足立大進編『禅林句集』（岩波文庫）、入矢義高・早苗憲生校注『句双紙』＝『新日本古典文学大系』（岩波書店）所収
『禅林句集』『句双紙』……両書とも禅宗関連の書籍から抜き出された禅語の語彙集。室町時代以降、いくつもの形で編纂された。

029

八風《はっぷう》吹けども動ぜず

風吹けども動ぜず天辺《てんぺん》の月

誰《た》が家にか明月清風無《な》からん

日々《にちにち》これ好日《こうにち》

禅語より

出典・参考文献……足立大進編『禅林句集』（岩波文庫）、入矢義高・早苗憲生校注、『句双紙』＝『新日本古典文学大系52巻』（岩波書店）所収

030

行《ゆ》かんと要せば便《すなわ》ち行き、坐《ざ》せんと要せばば便ち坐す
枯木《こぼく》再び花を生ず
長く両脚《りょうきゃく》を伸《の》べて睡れば、偽《ぎ》もなくまた真もなし

禅語より

出典・参考文献……足立大進編『禅林句集』(岩波文庫)、入矢義高・早苗憲生校注、『句双紙』=『新日本古典文学大系52巻』(岩波書店)所収

031

出るときに父からいろいろのことを言われた。そしてそれを書いておいて忘れぬようにせよとて私は父のことばを書きとめていった。

（1）汽車へ乗ったら窓から外をよく見よ、田や畑に何が植えられているか、育ちがよいかわるいか、村の家が大きいか小さいか、瓦屋根《かわら》か草葺《くさぶ》きか、そういうこともよく見ることだ。駅へついたら人の乗りおりに注意せよ、そしてどういう服装をしているかに気をつけよ。また、駅の荷置場にどういう荷がおかれているかをよく見よ。そういうことでその土地が富んでいるか貧しいか、よく働くところかそうでないところかよくわかる。

（2）村でも町でも新しくたずねていったところはかならず高いところ

へ上ってみよ、そして方向を知り、目立つものを見よ。峠の上で村を見おろすようなことがあったら、お宮の森やお寺や目につくものをまず見、家のあり方や田畑のあり方を見、周囲の山々を見ておけ、そして山の上で目をひいたものがあったら、そこへはかならずいって見ることだ。高いところでよく見ておいたら道にまようようなことはほとんどない。

(3) 金があったら、その土地の名物や料理はたべておくのがよい。その土地の暮らしの高さがわかるものだ。

(4) 時間のゆとりがあったら、できるだけ歩いてみることだ。いろいろのことを教えられる。

(5) 金というものはもうけるのはそんなにむずかしくない。しかし使うのがむずかしい。それだけは忘れぬように。

（6）　私はおまえを思うように勉強させてやることができない。だからおまえには何も注文しない。すきなようにやってくれ。しかし身体は大切にせよ。三十歳まではおまえを勘当したつもりでいる。しかし三十すぎたら親のあることを思い出せ。

（7）　ただし病気になったり、自分で解決のつかないようなことがあったら、郷里へ戻ってこい、親はいつでも待っている。

（8）　これからさきは子が親に孝行する時代ではない。親が子に孝行する時代だ。そうしないと世の中はよくならぬ。

（9）　自分でよいと思ったことはやってみよ、それで失敗したからといって、親は責めはしない。

（10）　人の見のこしたものを見るようにせよ。その中にいつも大事なものがあるはずだ。あせることはない。自分のえらんだ道をしっかり歩いていくことだ。
大体以上のようなことであったと思う。私はこのことばにしたがって今日まで歩きつづけることになる。

宮本常一『民俗学の旅』より

出典・参考文献……宮本常一『民俗学の旅』（講談社学術文庫）
宮本常一……民俗学者。山口県・周防大島出身。戦前、戦後と民俗調査のために昭和の日本列島を歩きつづけた。一九八一年（昭和五十六年）、七十三歳で死去。

032

謗《そし》る者は汝《なんじ》の謗るに任せ
嗤《わら》う者は汝の嗤うに任せん
天公《てんこう》　本《も》と我を知る
他人の知るを覓《もと》めず

「漫述」　佐久間象山

天公＝天の神

出典・参考文献……『吟剣詩舞道漢詩集　絶句編』（日本吟剣詩舞振興会）、坂田新注『江戸漢詩選　第四巻　志士』（岩波書店）
佐久間象山……幕末の思想家。信州・松代藩士。一八六四年、京都で暗殺される。享年五十三。

033

幾《いく》たびか辛酸《しんさん》を歴《へ》て志《こころざし》　始めて堅《かた》し
丈夫玉砕《じょうふぎょくさい》するも甎全《せんぜん》を恥《は》ず
我が家《いえ》の遺法《いほう》　人知るや否《いな》や
児孫《じそん》の為《ため》に美田《びでん》を買はず

「偶感」　西郷南洲(隆盛)

甎全＝何もせずに生きながらえること

出典・参考文献……『吟剣詩舞道漢詩集　絶句編』(日本吟剣詩舞振興会)、坂田新注『江戸漢詩選　第四巻　志士』(岩波書店)
西郷隆盛……薩摩藩士。倒幕の功労者、明治新政府の首脳。最後は政府軍との西南戦争に敗れ、一八七七年(明治十年)、故郷の鹿児島で自刃した。享年四十九。

034

けしきが
あかるくなってきた
母をつれて
てくてくあるきたくなった
母はきっと
重吉よ重吉よといくどでもはなしかけるだろう

「母をおもう」　八木重吉

出典・参考文献……『八木重吉全集』（筑摩書房）
八木重吉……大正時代の詩人。師範学校、旧制中学校教諭。一九二七年（昭和二年）、肺結核により二十九歳で死去。

035

ゆうぐれ
瞳《ひとみ》をひらけば
ふるさとの母うえもまた
とおくみひとみをひらきたまいて
かわゆきものよといいたもうここちするなり

「母の瞳」 八木重吉

出典・参考文献……『八木重吉全集』(筑摩書房)

036

お母さま
わたしは　時とすると
お母さまがたいへん小さいひとのようにおもえてきて
このてのひらのうえへいただいて
あなたを拝んでいるようなきがしてくることがあります
こんなあかるい日なぞ
わたしの心は美しくなってしまって
お母さんをこの胸へかざり
いばってやりたいようなきがします

「母」　八木重吉

出典・参考文献……『八木重吉全集』（筑摩書房）

037

人の一生は重荷を負いて、遠き道をゆくが如《ごと》し。いそぐべからず。不自由を常とおもえば不足なし。こころに望みおこらば困窮したる時を思い出《いだ》すべし。堪忍は無事長久《ちょうきゅう》の基《もとい》。いかりは敵とおもえ。勝つ事ばかり知りてまくる事をしらざれば害その身にいたる。おのれを責めて人をせむるな。及ばざるは過たるよりまされり。

東照公（徳川家康）御遺訓

出典・参考文献……『徳川家康公』（全国東照宮連合会）
徳川家康……徳川幕府の初代将軍。三河の戦国大名から生き残り、天下を統一した。

038

一隅を照らす、これすなわち国の宝なり
己《おのれ》を忘れて他を利するは慈悲の極みなり

最澄（伝教大師）

出典・参考文献……『伝教大師全集』（天台宗宗典刊行会）
最澄（伝教大師）……平安時代初期の仏教僧。日本の天台宗の宗祖。比叡山を修行の地とし、のちの延暦寺となる寺院を創建した。

039

怨敵《おんてき》を降伏《ごうぶく》し、君子を和睦《わぼく》ならしむること愛語《あいご》を根本とするなり。面《むか》いて愛語を聞くは面《おもて》を喜ばしめ心を楽しくす。面わずして愛語を聞くは肝《きも》に銘《めい》じ魂《たましい》に銘ず。愛語能《よ》く廻天《かいてん》の力あることを学《がく》すべきなり。

『修証義』より

出典・参考文献……『修証義』（大本山永平寺）
『修証義』……曹洞宗の経典の一つ。明治時代に宗祖である道元の主著『正法眼蔵』の言葉を抜き出して編纂された。

040

切《せつ》に思ふことは必ずとぐるなり

『正法眼蔵随聞記』より

出典・参考文献……懐奘編・和辻哲郎校訂『正法眼蔵随聞記』（岩波文庫）
『正法眼蔵随聞記』……道元に師事した懐奘が、道元が折に触れて語った言葉を書き留めた記録集。

041

昭和四年の冬、妻と離別し二児を抱へて故郷に帰る

わが故郷に帰れる日
汽車は烈風《れつぷう》の中を突き行けり。
ひとり車窓に目醒《めざ》むれば
汽笛は闇に吠《ほ》え叫び
火焔《ほのお》は平野を明るくせり。
まだ上州の山は見えずや。
夜汽車の仄《ほの》暗き車燈の影に
母なき子供等は眠り泣き

ひそかに皆わが憂愁《ゆうしゅう》を探れるなり。
嗚呼《ああ》また都を逃れ来て
何所《いづこ》の家郷《かきょう》に行かむとするぞ。
過去は寂寥《せきりょう》の谷に連なり
未来は絶望の岸に向へり。
砂礫《されき》のごとき人生かな!
われ既《すで》に勇気おとろへ
暗澹《あんたん》として長《とこし》なへに生きるに倦《う》みたり。
いかんぞ故郷に独《ひと》り帰り
さびしくまた利根川の岸に立たんや。
汽車は曠野《こうや》を走り行き
自然の荒寥《こうりょう》たる意志の彼岸《ひがん》に

人の憤怒《いきどおり》を烈《はげ》しくせり。

「帰郷」萩原朔太郎

出典・参考文献……『萩原朔太郎詩集』（岩波文庫）、『萩原朔太郎全集』（筑摩書房）
萩原朔太郎……大正から昭和初期の詩人。現在の群馬県前橋市の出身。一九四二年（昭和十七年）、肺炎のため五十五歳で死去。

042

花をのみ待つらん人に山里の雪間《ゆきま》の草の春を見せばや

藤原家隆

出典・参考文献……久保田淳・山口明穂校注『六百番歌合　新日本古典文学大系』（岩波書店）
藤原家隆……鎌倉時代初期の歌人。『新古今和歌集』の選者の一人。

043

ほのぼのと春こそ空に来にけらし天《あま》の香具山《かぐやま》かすみたなびく

後鳥羽院

出典・参考文献……佐佐木信綱校訂『新訂　新古今和歌集』（岩波文庫）
後鳥羽院……平安末期から鎌倉初期の天皇。歌人でもあり、『新古今和歌集』の編纂を指導した。鎌倉幕府によって隠岐島に流され、この地で死去した。

044

うらうらとのどけき春の心よりにほひいでたる山さくら花

賀茂真淵

出典・参考文献……久松潜一監修『賀茂真淵全集』（続群書類従完成会）
賀茂真淵……江戸時代中期の国学者・歌人。

045

富は人の欲するところなり。然《しか》りといへども、己《おのれ》がためにするときは禍《わざわい》これに随《したが》い、世のためにする時は福これに随う。財宝もまた然り。積んで散ずれば福となり、積んで散ぜざれば禍となる。これ人々知らずんばあるべからざる道理なり。

『二宮翁夜話』より

出典・参考文献……福住正兄筆記・佐々井信太郎校訂『二宮翁夜話』(岩波文庫)
『二宮翁夜話』……江戸時代後期の農政家、二宮尊徳(幼名・金次郎)の弟子の福住正兄が、尊徳の訓話を記録した書。

046

近く譬《たと》えれば、この湯船の湯の如《ごと》し。これを手にて己《おのれ》が方に掻《か》けば、湯、我が方に来るが如くなれども、みな向うの方へ流れ帰るなり。これを向うの方へ押す時は、湯、向うの方へ行くが如くなれども、また我が方へ流れ帰る。少しく押せば少しく帰り、強く押せば強く帰る。これ天理なり。それ仁といい義というは、向こうへ押す時の名なり。我が方へ掻く時は不仁となり、不義となる。慎まざるべけんや。

『二宮翁夜話』より

出典・参考文献……福住正兄筆記・佐々井信太郎校訂『二宮翁夜話』（岩波文庫）

047

戯《たわむ》れにも偽りをいう事なかれ。虚言《きょげん》より大害《たいがい》を引き起こし、一言《いちごん》の過《あやま》ちより、大禍《たいか》を引き出す事、往々あり。故に古人、禍《わざわい》は口より出《い》づといえり。

『二宮翁夜話』より

出典・参考文献……福住正兄筆記・佐々井信太郎校訂『二宮翁夜話』（岩波文庫）

048

貧乏を免れんと欲せば、まず庭の草を取り、家屋を掃除せよ。不潔かくの如くなる時は、また疫病神《やくびょうがみ》も宿るべし。よく心掛けて、貧乏神や、疫病神は居《お》られざるように掃除せよ。

『二宮翁夜話』より

出典・参考文献……福住正兄筆記・佐々井信太郎校訂『二宮翁夜話』（岩波文庫）

049

朝夕に善を思うといえども、善事をなさざれば、善人というべからざるは、昼夜に悪を思うといえども、悪をなさざれば、悪人というべからざるが如し。故に人は悟道治心《ごどうちしん》の修行などに暇《いとま》を費やさんよりは、小善事なりとも、身に行うを尊しとす。

悪《あ》しき事したり、われ過《あやま》てりと心付くとも、改めざれば詮《せん》なし。飢え人を見て哀れと思うとも、食を与えざれば功なし。故に我が道は実地実行を尊ぶ。それ世の中の事は実行にあらざれば、事はならざる物なればなり。

『二宮翁夜話』

悟道＝仏道の真理を悟ること

出典・参考文献……福住正兄筆記・佐々井信太郎校訂『二宮翁夜話』（岩波文庫）

050

涙ぐむ母に訣《わか》れの言《こと》述べて出《い》で立つ朝よ青く晴れたる
生きてまた再び蹈《ふ》むと思はなくに校庭に照る日光よ白し
心決して征《ゆ》かむ朝よ白々と双葉の山に雲光りたり

渡辺直己

出典・参考文献……『渡辺直己全集　全一巻』（創樹社）
渡辺直己……昭和初期の歌人、旧制高等女学校教諭。広島県呉市の生まれ。召集されて中国戦線に送られる。一九三九年（昭和十四年）、中国・天津で戦死。享年三十一。

051

生命《いのち》生きて相見む山河ならなくに燃ゆるが如《ごと》し夕映《ゆうばえ》の色は
既《すで》にして堅き決意はありと言へど生徒等の手紙に涙ぐみたり

渡辺直己

出典・参考文献……『渡辺直己全集　全一巻』（創樹社）

052

秋深む山西の野に闘ひて獣の如く今朝も目覚めぬ
照準つけしままの姿勢に息絶えし少年もありき敵陣の中に
吾《わ》が後《あと》に召《め》されて既《すで》に死せる友数へつつ何かはるけきが如し
決したる心は既にためらはねど故郷の母に一目会ひたし
惨烈なる戦場のさまと水清き故郷の山が浮び来るかな

渡辺直己

出典・参考文献……『渡辺直己全集　全一巻』（創樹社）

053

涙拭《ぬぐ》ひて逆襲し来る敵兵は髪長き広西《こうせい》学生軍なりき
すでに三年戦ひ来つつ麦秋《ばくしゅう》の夕《ゆうべ》はこほし故里の山
矢車の花送り来し教へ子が嫁ぐかなしさを言ひて来にけり
校庭に泰山木《たいさんぼく》も咲きつらむ三年を遠く戦ひて来し

渡辺直己

出典・参考文献……『渡辺直己全集　全一巻』（創樹社）

054

駑馬《どば》遅しと雖《いえど》も積歳《せきさい》多ければ
高山大沢《こうざんだいたく》尽《ことごと》く過ぐるに堪えたり
請《こ》う看《み》よ一掬泉巌《いっきくせんがん》の水
流れて汪洋《おうよう》万里の波となる

「勧学」　木戸孝允

駑馬＝足ののろい馬、才能の劣る人
一掬＝ひとすくい
泉巌＝岩から湧き出る泉
汪洋＝広々と大きいさま

出典・参考文献……『吟剣詩舞道漢詩集　絶句編』（日本吟剣詩舞振興会）、猪口篤志著『新釈漢文大系　日本漢詩　下』（明治書院）
木戸孝允……長州藩士。旧名は桂小五郎。倒幕と明治維新に貢献し、大久保利通、西郷隆盛とともに維新の三傑と称される。一八七七年（明治十年）、四十三歳で死去。

055

才子《さいし》は才を恃《たの》み愚《ぐ》は愚を守る
少年の才子は愚なるに如《し》かず
請う看《こみ》よ他日業《ぎょう》成るの後《のち》
才子は才ならず愚は愚ならず

「偶成」　木戸孝允

出典・参考文献……『吟剣詩舞道漢詩集　絶句編』（日本吟剣詩舞振興会）、猪口篤志著『新釈漢文大系　日本漢詩　下』（明治書院）

056

爾《なんじ》に出《い》づる者は、爾に反《かえ》る者なり

自《みずか》ら反《かえり》みて縮《なお》ければ、千万人と雖《いえど》も、吾《われ》往《ゆ》かん

『孟子』より

縮＝まっすぐで正しい

出典・参考文献……内野熊一郎著『新釈漢文大系　孟子』（明治書院）、小林勝人訳注『孟子』（ワイド版岩波文庫）

『孟子』……中国・戦国時代の儒学者、孟子の言行をまとめた書。

057

人皆《ひとみな》、人に忍びざるの心あり。
惻隠《そくいん》の心なきは、人に非《あら》ざるなり。羞悪《しゅうお》の心なきは、人に非ざるなり。
辞譲《じじょう》の心なきは、人に非ざるなり。是非《ぜひ》の心なきは、人に非ざるなり。

『孟子』より

辞譲＝辞退して人に譲ること

出典・参考文献……内野熊一郎『新釈漢文大系　孟子』（明治書院）、小林勝人訳注『孟子』（ワイド版岩波文庫）

058

監房《かんぼう》の高い窓硝子《まどがらす》に
さらさらと粉雪が吹きつける
私はお前に
片仮名ばかりの手紙を書く
久しく会わぬ娘よ
お前はふるえながら
けさも学校へ上っただろうか
学校までの遠い道程《みちのり》よ
まだ汚されぬ雪の上に
お前の残す小さな足跡よ

それを一つ一つ拾いながら
私はお前に手紙を書く
片仮名ばかりの手紙を書く

「雪の日に」　壺井繁治

出典・参考文献……『壺井繁治全集』（青磁社）
壺井繁治……大正末から昭和期の詩人。一九七五年（昭和五十年）、七十七歳で死去。

059

まけてのく人をよわしとおもうなよ　智恵の力のつよきゆえなり
太閤《たいこう》も天保弘化《てんぽうこうか》に生れなば何もへせずに死ぬべかりけり

高杉晋作

太閤＝豊臣秀吉
天保・弘化＝ともに江戸時代末期の年号、晋作の幼少年期にあたる

出典・参考文献……一坂太郎編・田村哲夫校訂『高杉晋作史料』（マツノ書店）、堀哲三郎編『高杉晋作全集』（新人物往来社）
高杉晋作……幕末期の長州藩士。藩の主導権を握って倒幕へとかじを切り、明治維新につながる動きの推進役を果たした。一八六七年、結核のため二十七歳で死去。

060

面白き事もなき世におもしろく
住なすものはこころなりけり

高杉晋作
野村望東

出典・参考文献……一坂太郎編・田村哲夫校訂『高杉晋作史料』(マツノ書店)、堀哲三郎編『高杉晋作全集』(新人物往来社)
野村望東……女性歌人。勤王の志士の支援者でもあった。掲載作品は病床の晋作が詠んだ上の句に、見舞いに訪れていた望東が下の句を付けた歌として伝わる。

061

後《おく》れても後れても又《また》君たちに誓いし言《こと》を吾《われ》忘れめや

高杉晋作

出典・参考文献……一坂太郎編・田村哲夫校訂『高杉晋作史料』（マツノ書店）、堀哲三郎編『高杉晋作全集』（新人物往来社）

062

少年老い易《やす》く学《がく》成り難《がた》し
一寸の光陰《こういん》軽《かろ》んずべからず
未《いま》だ覚《さ》めず池塘《ちとう》春草《しゅんそう》の夢
階前《かいぜん》の梧葉《ごよう》已《すで》に秋声《しゅうせい》

「偶成」　朱熹

池塘春草の夢＝青春の楽しい夢、はかない夢
階前＝庭先　　梧葉＝アオギリの葉

出典・参考文献……『吟剣詩舞道漢詩集　絶句編』（日本吟剣詩舞振興会）
朱熹……中国・南宋の哲学者。詩人。「朱子」の尊称で知られる。儒教の新たな学問大系の朱子学を築き上げた。

063

貧しさに堪《た》へつつおもふふるさとは柑類《こうるい》の花いまか咲くらむ

家をいでて青青《あおあお》と晴れし空を見つなべての物ら柔らかく照れり

命ありて今年また仰ぐ秋の空げにうつくしく高く晴れたり

古泉千樫

柑類＝柑橘類

出典・参考文献……『定本　古泉千樫全歌集』（石川書房）

古泉千樫……明治の末から大正期の歌人。一九二七年（昭和二年）、肺結核のため四十歳で死去。

064

地に立ちて思ふわが命よ永くながく生きてあらねと祈りつるかも
悲しみは尽きざるとにも湧《わ》きてくる一日一日を堪《た》へてゆくべし
水のごと澄み渡る今朝の外見れば切《せつ》なきまでに歩み出でたき

金田千鶴

出典・参考文献……佐々木茂編『金田千鶴歌集』（短歌新聞社）
金田千鶴……大正の末から昭和初期の歌人。一九三四年（昭和九年）、結核のため三十一歳で死去。

065

才子《さいし》元来多く事を過《あやま》る
議論畢竟《ひっきょう》世に功無し
誰《たれ》か知らん黙々不言《ふげん》の裡《うち》
山は是《こ》れ青々《せいせい》花は是れ紅《くれない》なり

「失題」　古荘嘉門

出典・参考文献……『吟剣詩舞道漢詩集　続絶句編』（日本吟剣詩舞振興会）
古荘嘉門……明治期の官僚、政治家。

066

一《ひと》たび忍べば七情《しちじょう》皆《みな》中和《ちゅうわ》す
再び忍べば五福《ごふく》皆並び臻《いた》る
忍んで百忍《ひゃくにん》に到れば満腔《まんこう》の春
熙々《きき》たる宇宙総《すべ》て真境《しんきょう》

「百忍の詩」　中江藤樹

七情＝七種の感情。仏教では喜・怒・哀・楽・愛・悪・欲をいう。
五福＝人としての五つの幸福（寿命が長い、財力が豊か、無病息災、徳を好む、天命を全うする）
熙々＝広々としたさま

出典・参考文献……『吟剣詩舞道漢詩集　続絶句編』（日本吟剣詩舞振興会）
中江藤樹……江戸時代初期の儒学者。近江国（滋賀県）の生まれ。「近江聖人」「日本の陽明学の祖」とも称される。

067

ぼくの出たのは、南安曇《みなみあずみ》の堀金《ほりがね》小学校です。校長は佐藤といって、北信《ほくしん》の湯田中《ゆだなか》近くのご出身、ぼくの三年生から六年生まで、校長先生でした。うるしで染めたような、まっ黒なあごひげが、胸のまん中あたりまでたれさがっている、いかめしい先生でした。この校長先生は、月曜日の朝礼の時間には、壇の上へ登られると、西空に高くそびえている常念岳《じょうねんだけ》を指《ゆび》さして、「常念を見ろ！」とおっしゃいました。「常念を見ろ！　きょうはよく晴れてごきげんがいい。」「常念を見ろ！　今朝の雪はすばらしい。」「常念を見ろ！　見ろといっても、今朝は見えなくて残念だ。」……いつも常念の話でした。くる週も、くる週も、春になり、夏になり、秋になり、冬になっても、常念の話だけでした。それも長い話はなさらない。「常念を見ろ！」、まあ大体それだけでした。

臼井吉見『自分をつくる』より

出典・参考文献……臼井吉見『自分をつくる』（ちくま文庫）
臼井吉見……戦後昭和期の作家、評論家、編集者。一九八七年（昭和六十二年）、八十二歳で死去。

068

気に入らぬ風も
あろふに
柳哉《かな》

「堪忍」　仙厓

出典・参考文献……『仙厓／センガイ／SENGAI　禅画にあそぶ』（出光美術館）
仙厓（せんがい）……江戸後期の禅僧。画賛を添えた禅画などの書画を残す。東京の出光美術館が多くの作品を収蔵している。

069

鶴ハ千年
亀ハ万年
我れハ天年

仙厓

出典・参考文献……『仙厓／センガイ／SENGAI　禅画にあそぶ』（出光美術館）

070

祇《た》だ你《なんじ》が人惑《にんわく》を受けざらんことを要す。用いんと要せば便《すなわ》ち用いよ。更《さら》に遅疑《ちぎ》すること莫《なか》れ。

ただ他人の言葉に惑わされるなということだけだ。自力でやろうと思ったら、すぐやることだ。決してためらうな。

『臨済録』より

出典・参考文献……入矢義高訳注『臨済録』（岩波文庫）※前半が訓読文、後半がその現代語訳
『臨済録』……中国の唐の時代の禅僧で、臨済宗を開いた臨済の語録集。

071

如《し》かず無事ならんには
のほほんとしているのが一番だ

『臨済録』より

出典・参考文献……入矢義高訳注『臨済録』（岩波文庫）※前半が訓読文、後半がその現代語訳

072

山林に自由存《そん》す
われ此句《このく》を吟《ぎん》じて血のわくを覚ゆ
嗚呼《ああ》山林に自由存す
いかなればわれ山林をみすてし

あくがれて虚栄の途《みち》にのぼりしより
十年の月日塵《ちり》のうちに過ぎぬ
ふりさけ見れば自由の里は
すでに雲山《うんざん》千里の外にある心地す

眥《まなじり》を決して天外《てんがい》を望めば
をちかたの高峰の雪の朝日影《あさひかげ》
嗚呼山林に自由存す
われ此句を吟じて血のわくを覚ゆ

なつかしきわが故郷は何処《いずこ》ぞや
彼処《かしこ》にわれは山林の児《こ》なりき
顧みれば千里江山《せんりこうざん》
自由の郷は雲底《うんてい》に没せんとす

「山林に自由存す」　国木田独歩

出典・参考文献……『定本　国木田独歩全集』（学習研究社）、『日本の詩歌26』（中央公論新社）
国木田独歩……明治時代の小説家、詩人。一九〇八年（明治四十一年）、三十六歳で死去。

073

ふるさとの訛《なまり》なつかし
停車場《ていしゃば》の人ごみの中に
そを聴きにゆく

かにかくに渋民村《しぶたみむら》は恋しかり
おもひでの山
おもひでの川

やはらかに柳あをめる
北上の岸辺目に見ゆ

泣けとごとくに
汽車の窓
はるかに北にふるさとの山見え来れば
襟《えり》を正すも

ふるさとの山に向ひて
言ふことなし
ふるさとの山はありがたきかな

石川啄木

出典・参考文献……『新編　啄木歌集』（岩波文庫）、『日本の詩歌 5』（中央公論新社）
石川啄木……明治時代の歌人。現在の岩手県盛岡市の生まれ。一九一二年（明治四十五年）、肺結核のため二十六歳で死去。歌集に『一握の砂』『悲しき玩具』がある。

074

これを知る者は、これを好む者に如《し》かず。
これを好む者は、これを楽しむ者に如かず。

『論語』より

出典・参考文献……金谷治訳注『論語』（岩波文庫）、吉田賢抗著『新釈漢文大系　論語』（明治書院）
『論語』……儒教の四書の一つ。古代中国・春秋時代の思想家で、儒教の祖とされる孔子とその弟子たちの言行録。

075

己《おの》れの欲せざる所、人に施すこと勿《な》かれ。
義を見て為《せ》ざるは、勇なきなり
行くに径《こみち》に由《よ》らず

『論語』より

径＝細い道、近道、わき道

出典・参考文献……金谷治訳注『論語』（岩波文庫）、吉田賢抗著『新釈漢文大系　論語』（明治書院）

076

路《みち》は羊腸《ようちょう》に入《い》って石苔滑《せきたいなめら》かなり
風は鞋底《あいてい》より雲を掃《はろ》うて廻《めぐ》る
山に登るは恰《あたか》も書生の業《ぎょう》に似たり
一歩歩高《いっぽほたこ》うして光景開く

「山行同志に示す」　草場佩川

羊腸＝山道が幾重にも曲がりくねっているさま
鞋底＝わらじのそこ

出典・参考文献……『吟剣詩舞道漢詩集　絶句編』（日本吟剣詩舞振興会）、猪口篤志著『新釈漢文大系　日本漢詩　下』（明治書院）
草場佩川……江戸時代末期の佐賀藩の儒者。

077

蝸牛角上《かぎゅうかくじょう》　何事をか争う
石火光中《せっかこうちゅう》　此《こ》の身を寄す
富に随《したが》い貧に随い且《しば》らく歓楽せよ
口を開いて笑わざるは是《こ》れ癡人《ちじん》

「酒に対す」　白楽天

蝸牛角上（の争い）　＝カタツムリの角の上のような狭い世界、つまらないことにこだわった争い

出典・参考文献……『吟剣詩舞道漢詩集　絶句詩編』（日本吟剣詩舞振興会）、石川忠久著『漢詩を読む　白楽天一〇〇選』（日本放送出版協会）
白楽天……作品7参照

078

「働かぬゆゑ、貧しきならむ、」

「働きても、貧しかるべし、」

「ともかくも、働かむ。」

土岐善麿

出典・参考文献……『土岐善麿歌集』(光風社書店)
土岐善麿……明治から大正、昭和と活躍した歌人。一九八〇年(昭和五十五年)、九十四歳で死去。

079

あたたかく飯《めし》をくひしに、
そのひまに、
悲しみがいつか逃げてゆきたり。

土岐善麿

出典・参考文献……『土岐善麿歌集』（光風社書店）

080

釘《くぎ》ぬきで舌《した》ぬく閻魔《えんま》おそろしく嘘つけぬ児《こ》になりにけるかも

曾宮一念

出典・参考文献……『雲をよぶ　曾宮一念詩歌集』（朝日新聞社）

曾宮一念……大正、昭和、平成と活躍した洋画家、随筆家、歌人。一九九四年（平成六年）、百一歳で死去。

081

出て見れば春の風吹く戸口《とぐち》哉《かな》

正岡子規

出典・参考文献……『子規全集』（講談社）
正岡子規……明治期の歌人、俳人。近代詩歌に大きな影響を与えた。現在の愛媛県松山市の生まれ。一九〇二年（明治三十五年）、脊椎カリエスのために三十四歳で死去。

082

さまざまの事おもひ出す桜かな

松尾芭蕉

出典・参考文献……中村俊定校注『芭蕉俳句集』（岩波文庫）

松尾芭蕉……江戸時代前期の俳諧師。「俳聖」と称される。現在の三重県伊賀市の生まれ。『笈の小文』『おくのほそ道』などの紀行文も残した。

083

木の葉ふりやまずいそぐないそぐなよ

加藤楸邨

出典・参考文献……『加藤楸邨全句集』（寒雷俳句会）、『加藤楸邨句集』（岩波文庫）
加藤楸邨……昭和から平成と活躍した俳人。東京都出身。一九九三年（平成五年）、八十八歳で死去。

084

生きかはり死にかはりして打つ田かな

村上鬼城

出典・参考文献……『日本の詩歌 30』（中央公論新社）

村上鬼城……明治から昭和初期の俳人。一九三八年（昭和十三年）、七十三歳で死去。

085

何事も思へばくるしおもはねば思はぬままに世をやすごさん
身をおもふ心こそまづ此世《この》世より身をくるしむる心なりけり
ほめばほめそしらばそしれ世の中はただ百《もも》とせの人の命を

慈雲尊者

出典・参考文献……木南卓一編『慈雲尊者和歌集』(三密堂書店)
慈雲……江戸時代中期から後期の仏教僧。慈雲尊者と敬われた。

086

富貴安楽《ふうきあんらく》は順境《じゅんきょう》なり。貧賤艱難《ひんせんかんなん》は逆境《ぎゃっきょう》なり。境順なる者は怠り易《やす》く、境逆なる者は励み易し。怠れば則《すなわ》ち失ひ、励めば則ち得るは、是《こ》れ人の常なり。

吉田松陰

出典・参考文献……『脚注解説 吉田松陰撰集―人間松陰の生と死―』(財団法人松風会)、『吉田松陰全集』(マツノ書店)

吉田松陰……幕末の思想家、教育者。長州藩士。故郷(現在の山口県萩市)の松下村塾で教えた若者たちが、幕末から維新へと時代を動かす原動力となった。一八五九年、江戸に護送され、幕府によって処刑された。享年二十九。

087

杉蔵往《ゆ》け。月白く風清し、飄然《ひょうぜん》として馬に上《の》りて、三百程、十数日。酒も飲むべし、詩も賦《ふ》すべし。今日のこと、誠に急なり。然《しか》れども天下は大物なり。一朝奮激《いっちょうふんげき》の能《よ》く動かす所に非《あら》ず。それただ積誠これを動かし、然るのち動くあるのみ。

吉田松陰

出典・参考文献……『脚注解説　吉田松陰撰集―人間松陰の生と死―』（財団法人松風会）、『吉田松陰全集』（マツノ書店）

088

家業油断なく出精《しゅっせい》すべし。申すまではなけれども、家業を疎《おろそ》かにする者は天下の大罪人なり。家業出精してその余力あらば、分限《ぶんげん》相応の楽しみは何様《なによう》の儀も苦しからず候間《そうろうあいだ》、とかく家業出精の上には、楽しみならば、慰《なぐさ》みは浄瑠璃・三味線、または博奕《ばくえき》なりとも、好みたる事をして楽しむべし。さりながら、博奕は天下一統《いっとう》の御法度《ごはっと》なれば、商売に致《いた》す者これあるにおいては、きっと曲事《くせごと》申しつくべく候。これによって、博奕を商売に致す儀は決して相成り申さず候。きっと相慎み申すべく候。慰みに致し候分は苦しからず候。兼ねて左様《さよう》に相心得べく候。

惣《そう》じて、人は分相応の楽しみなければ、また精も出し難し。これによって、楽しみもすべし、精も出すべし。

『日暮硯』より

曲事＝違法行為をした者を処罰すること

出典・参考文献……笠谷和比古校注『新訂　日暮硯』（岩波文庫）

『日暮硯』……江戸時代中期、信州松代藩の家老恩田木工が藩の財政改革について記した書。

089

地の穢《けが》れたるものは多く物を生じ、水の清《す》めるものは常に魚なし。故《ゆえ》に君子は、まさに垢《こう》を含み汚《お》を納《い》るるの量を存すべく、潔《けつ》を好み独《ひと》り行うの操《そう》を持《じ》すべからず。

『菜根譚《さいこんたん》』より

操＝かたく守って変えない心

出典・参考文献……今井宇三郎訳注『菜根譚』（岩波文庫）

『菜根譚』……中国・明の時代の洪自誠が著した人生論の書。

090

径路《けいろ》の窄《せま》き処《ところ》は、一歩《いっぽ》を留《とど》めて人の行くに与え、滋味《じみ》の濃《こま》やかなるものは、三分《さんぶ》を減《げん》じて人の嗜《たしな》むに譲る。これは是《こ》れ世を渉《わた》る一《いっ》の極安《ごくあん》楽《らく》の法なり。

『菜根譚』より

出典・参考文献……今井宇三郎訳注『菜根譚』(岩波文庫)

091

世に処《しょ》するに一歩を譲るを高しとなす。歩を退くるは即《すなわ》ち歩を進むるの張本《ちょうほん》なり。人を待つに一分《いちぶ》を寛《ひろ》くするはこれ福《さいわい》なり。人を利するは実に己《おのれ》を利するの根基《こんき》なり。

『菜根譚』より

張本＝事の起こり、もととなる

出典・参考文献……今井宇三郎訳注『菜根譚』（岩波文庫）

092

人情は反覆し、世路《せいろ》は崎嶇《きく》たり。行き去られざる処《ところ》は、須《すべか》らく一歩を退《ひ》くるの法を知るべし。行き得《え》去る処は、務めて三分《さんぶ》を譲るの功を加うべし。

『菜根譚』より

世路＝世の中を渡っていく
崎嶇＝険しい、容易でない

出典・参考文献……今井宇三郎訳注『菜根譚』（岩波文庫）

093

先を争うの経路《けいろ》は窄《せま》し。退《ひ》き後《おく》ること一歩なれば、自《おのず》から一歩を寛平《かんぺい》にす。

『菜根譚』より

出典・参考文献……今井宇三郎訳注『菜根譚』（岩波文庫）

094

人の詐《いつわり》を覚るも、言《げん》に形《あら》わさず、人の侮《あなどり》を受くるも、色に動かさず。この中に無窮《むきゅう》の意味あり。また無窮の受用《じゅよう》あり。

『菜根譚』より

受用＝効用

出典・参考文献……今井宇三郎訳注『菜根譚』（岩波文庫）

095

何事も堪忍するをよしとせよたん気はそんのもとゐなりけり
朝夕のそうじ届けば厄神《やくがみ》の居所《いどころ》もなし身もきれいなり

『塚田家覚書』より

たん気＝短気
そん＝損
もとゐ＝基

出典・参考文献……山本眞功編註『家訓集』（東洋文庫・平凡社）
『塚田家覚書』……江戸時代の商家の文書

096

恥を多くかかざれば発明仕《つかまつ》ることなし。恥をかく事を嫌ひ賢人知者に近づく事を嫌ひては、一生発達なし。

万事天然にまかせ、時節を心長《こころなが》に待つこと専一《せんいつ》なり。いかほど急ぐとも時節来たらざれば、稲麦なども出来ぬものなり。心しずかに時節を待つこと肝要なり。

『吉茂遺訓』より

出典・参考文献……山本眞功編註『家訓集』（東洋文庫・平凡社）
『吉茂遺訓』……江戸時代の農家の文書

097

禍福《かふく》はあざなえる縄のごとし

人間万事塞翁《さいおう》が馬

捨てる神あれば拾う神あり

残り物に福がある

因果応報

短気は損気

天網恢々疎《てんもうかいかいそ》にして漏らさず

怠らず行かば千里のはても見む牛の歩みのよし遅くとも

いそがずばぬれざらましを旅人のあとよりはるる野路のむらさめ

※それぞれ、広く知られる中国の古語、ことわざ、仏教語、古歌など。

098

人生元長《もと》からず
この身豈《あに》それ軽からんや
利を計《はか》らば応《まさ》に天下の利を計るべし
名を求むれば須《すべか》らく万世の名を求べし
況《いわ》んや虎呑狼噬《こどんろうぜい》の際に当っては
齷齪《あくせく》その彊《きょう》を守るの用なからん
青山到《せいざんいた》るところ骨埋《うず》むべし
誰《たれ》か一朝《いっちょう》のために枯栄《こえい》を卜《ぼく》せんや
男児の要するところ機先《きせん》に在り
好《よ》し汝《なんじ》が鞭《むち》を揚げ試みに行《こう》を啓《ひら》け

「書懐　その一」西郷南洲

虎呑狼噬＝虎が呑み狼がかむ（日本を呑み込もうと狙う欧米列強にたとえた）
齷齪＝心が狭く小さなことにこだわる
彊＝境界（各藩の利益にたとえた）
一朝＝わずかな間、取るに足らないこと
ト＝うらなう

出典・参考文献……『吟剣詩舞道漢詩集　律詩・古詩編』（日本吟剣詩舞振興会）、『敬天愛人　第27号』（財団法人西郷南洲顕彰会）
西郷南洲……作品33に掲載。本作「書懐」が西郷作とする明確な根拠はないようだが、『吟剣詩舞道漢詩集　律詩・古詩編』の扱いに従った。

099

一葦《いちい》纔《わず》かに西すれば大陸に通ず
鴨緑《おうりょく》 送るところ崑崙《こんろん》迎う
秋 草漸《しゅうそうよう》くや老いて馬晨《あした》に嘶《いなな》き
天際《てんさい》雲なく地は茫々《ぼうぼう》
嗚呼《ああ》予《われ》二十七まさに一生の半ばを終らんとす
肺肝《はいかん》それ能《よ》く何《いず》れのところにか傾けん
感じ来って睥睨《へいげい》す長風《ちょうふう》の外
月は東洋より西洋を照らす

「書懐　その二」　西郷南洲

一葦＝一艘の小舟
鴨緑＝朝鮮半島と中国大陸を境にする河川
崑崙＝中央アジアにある山脈
晨＝夜明け
肺肝＝心の奥底、真心
睥睨＝あたりをにらみつけて勢いを示す

出典・参考文献……『吟剣詩舞道漢詩集　律詩・古詩編』（日本吟剣詩舞振興会）、『敬天愛人　第27号』（財団法人西郷南洲顕彰会）

100

まだあげ初《そ》めし前髪の
林檎《りんご》のもとに見えしとき
前にさしたる花櫛《はなぐし》の
花ある君と思ひけり

やさしく白き手をのべて
林檎をわれにあたへしは
薄紅《うすくれない》の秋の実に
人こひ初《そ》めしはじめなり

わがこゝろなきためいきの

その髪の毛にかゝるとき
たのしき恋の盃《さかずき》を
君が情《なさけ》に酌《く》みしかな

林檎畑の樹《こ》の下に
おのづからなる細道は
誰《た》が踏みそめしかたみぞと
問ひたまふこそこひしけれ

「初恋」 島崎藤村

出典・参考文献……『藤村詩抄』（岩波文庫）、『島崎藤村全集』（筑摩書房）
島崎藤村……明治から昭和初期の詩人・小説家。一九四三年（昭和十八年）、七十一歳で死去。代表作に『破戒』『夜明け前』などの小説や詩集『若菜集』がある。

101

小諸《こもろ》なる古城のほとり
雲白く遊子《ゆうし》悲しむ
緑なす蘩蔞《はこべ》は萌《も》えず
若草も藉《し》くによしなし
しろがねの衾《ふすま》の岡辺
日に溶《と》けて淡雪《あわゆき》流る

あたゝかき光はあれど
野に満つる香《かおり》も知らず
浅くのみ春は霞《かす》みて
麦の色わづかに青し

旅人の群はいくつか
畠中《はたなか》の道を急ぎぬ

暮れ行けば浅間《あさま》も見えず
歌哀《かな》し佐久の草笛
千曲川《ちくまがわ》いざよふ波の
岸近き宿にのぼりつ
濁《にご》り酒濁れる飲みて
草枕しばし慰む

「小諸なる古城のほとり」　島崎藤村

藉く＝敷き物にする（腰を下ろす）　衾の岡辺＝雪をいただいた山裾の丘

出典・参考文献……『藤村詩抄』（岩波文庫）、『島崎藤村全集』（筑摩書房）

102

知者《ちしゃ》は惑わず仁《じん》は憂えず
君何ぞ戚々《せきせき》として双眉《そうび》愁《うれ》うる
歩《ほ》に信《まか》せて行《ゆ》き来《きた》れば皆坦道《たんどう》
天に憑《よ》って判《はん》下《か》す人謀《じんぼう》に非《あら》ず
これを用《もち》うれば則《すなわ》ち行い舎《す》つれば則ち休《きゅう》す
この身浩蕩虚舟《こうとうきょしゅう》浮ぶ
丈夫落々《じょうふらくらく》天地を掀《あ》ぐ
豈顧《あにかえり》みて束縛窮囚《きゅうしゅう》の如《ごと》くならんや

（中略）

人生命《めい》に達すれば自《おのずか》ら洒落《しゃらく》
讒《ざん》を憂え毀《き》を避けて徒《いたず》らに啾々《しゅうしゅう》せんや

「啾々吟」　王守仁

戚々＝憂い恐れる
坦道＝平坦な道
浩蕩＝広々として大きい
落々＝度量が大きくてこだわらない
掀＝開ける、持ち上げる
讒・毀＝他人の誹謗中傷

出典・参考文献……『吟剣詩舞道漢詩集　律詩・古詩編』（日本吟剣詩舞振興会）
王守仁……王陽明の名前で知られる。中国・明の時代の思想家、政治家。朱子学の権威に挑んで陽明学を樹立した。

編集後記

一部の作品について、漢字や片仮名を平仮名に、旧表記を現代表記に改めるなどしました。

また、掲載にあたっては、岩波書店、講談社、筑摩書房、財団法人日本吟剣詩舞振興会などのほか、多くの著作権者の方のご了解をいただきました。快く掲載を許可したいただいた法人、個人の関係者のみさまには、心よりお礼を申し上げます。

徳永文一

編者

徳永文一

文筆業、大学非常勤講師、元読売新聞東京本社論説副委員長

編著・著書

『毎田周一　君 気持ちを大きくもとう』
『歌人・教育者　島木赤彦』
『プロが教える　伝わる文章、伝える文章』
『隠密剣士、いまここに甦る!』
『甘味辛味　業界紙時代の藤沢周平』

明日を支える言葉

2013年10月10日　初版第一刷発行

編者……………徳永文一

発行者……………徳永文一
発行所……………合同会社長風舎
〒179-0072
東京都練馬区光が丘3-3-8-501
発売者……………工藤秀之
発売所……………株式会社トランスビュー
〒103-0007　東京都中央区日本橋浜町2-10-1
電話番号　03-3664-7334
http://www.transview.co.jp/

デザイン……………大原真理子・山田信也（スタジオ・ポット）
印刷・製本………モリモト印刷株式会社

ISBN978-4-7987-0141-7　C1091